24,80   7,80
         ———
          586

BERNER
FESTE UND UMZÜGE

INGEBORG VON ERLACH

BERNER FESTE UND UMZÜGE

BENTELI VERLAG BERN

ISBN 3-7165-0092-5

© 1976 BENTELI VERLAG, 3018 BERN
FOTOS: M. BAUMANN, BERN
BILDERNACHWEIS: BURGERBIBLIOTHEK, HISTORISCHES MUSEUM, LANDESBIBLIOTHEK
TYPOGRAPHIE, SATZ UND DRUCK: BENTELI AG, 3018 BERN
PRINTED IN SWITZERLAND

Nur wenige grosse Volksfeste mit langer Tradition knüpfen sich an den Namen unserer Stadt. Offenbar sind die Berner kein besonders festfreudiges Volk. Jedenfalls sind seit altersher die Verbote einer gestrengen Obrigkeit bekannter als die Feste selbst. Wenn das Volk sich immer so gut betragen hätte, wie die spärlichen Spuren der Festkultur es vermuten liessen, hätte die Regierung auch kaum verordnen müssen, was Sitte zu sein habe im Lande Bern. Indessen sind die festlichen Veranstaltungen der älteren Zeit praktisch nur noch in den Polizeiverordnungen und Sittenmandaten – so nannte man die Erlasse öffentlicher Moral damals – fassbar. Alle überschwengliche Ausgelassenheit sollte von Amtes wegen verhütet werden.

Die Distler werden gezwungen eine Krähe in ihre Zunft aufzunehmen. 1809.

Wohl darum beschränkten sich die städtischen
Vergnügungen auf das gesellige Leben in den Zunftstuben
und in geschlossenen Gesellschaftskreisen, und
selbst da herrschten strenge Bräuche, wie Figura zeigt.

Stärke eines alten Schweizers.

Theatralischen Schaustellungen waren die Regenten jedoch wohlgesinnt.
Noch das heutige Stadttheater scheint von jener Gunst getragen, die ehemals Artisten und Narrenkappenträger der Obrigkeit abgerungen hatten.
Während um 1532 der Tanz auf den Strassen und sogar auf Hochzeiten, wo allerdings opulent getafelt wurde, noch verboten war, genossen fahrendes Volk und Spassmacher auf den Marktplätzen immerhin eine gewisse Narrenfreiheit.
Was heute als Clownerie und Tanz auf dem hohen Seil im Zirkus Anerkennung findet, schälte sich damals erst mühsam aus den Hüllen polternder Hanswurstiaden.
Allesamt liefen die Artisten, die das Publikum unterhielten, noch unter der Bezeichnung «Narren».
Da war ein «abenthürer», der ein «ausgezogen Krokodil» zeigte, einen Holländer konnte man bestaunen, der um einen ganzen Kopf grösser war als der grösste Berner, und die Leute wunderten sich, dass es so etwas geben konnte; ein Schweizer protzte mit seinen herkulanischen Kräften,

im Rathaus führte ein Italiener mit seiner schönen Frau «wunderbare Sprünge» vor, ein anderer konnte auf dem gespannten Seil laufen, und einer schliesslich wusste Berns Wappentier an der Leine zu führen.

Das Volk jedoch schuf sich Auswege aus der puritanischen Zucht, welche die Sittenwächter im Rathaus im Interesse der Schicklichkeit für angebracht hielten. Auch ausserhalb der Schaustellerei fand das Volk Belustigung: auf dem Marktplatz!
So wurden im 14. Jahrhundert die Märkte auf Festtage von Heiligen festgesetzt, um einen grössern Zulauf vom Lande zu sichern. Auf zwei Jahrmärkten von je 14 Tagen Dauer, beginnend mit dem St. Georgs- und St. Michaelis-Tag, deckte sich die Bevölkerung mit den Bedarfsartikeln für ein halbes Jahr ein und genoss dazu die spontanen Belustigungen, die inmitten der feilschenden Haufen unvermittelt Platz greifen konnten. Ein wogendes Treiben von Vitalität und Derbheit herrschte in den Gassen der Altstadt, und da mochte es wohl geschehen, dass eine wütende Sau quietschend in die Menge fuhr und selbst die zugeknöpften Ordnungshüter inmitten des Bildes verdutzte. Aber auch die füllige junge Dame im Fenster gehört zur damaligen Marktszenerie. In ihrer lässigen Pose will sie vermutlich mehr als nur die Überwachung des Marktes. Selbst bei der sprichwörtlichen bernischen Bedächtigkeit und Langsamkeit musste die Obrigkeit schliesslich Wind bekommen vom

bunten Leben zwischen den Marktständen. 1439 kürzte sie die Dauer der Jahrmärkte kurzerhand um die Hälfte. Nur noch am St. Martins-Tag und den folgenden acht Tagen und eine Woche Mitte Mai duldete man im 15. Jahrhundert die Volksbelustigung des Jahrmarktes.

Im 16. Jahrhundert muss eine andere Sitte bei den Eidgenossen arg überhandgenommen haben: das sogenannte Zutrinken. Ein Mass, anderthalb Liter heutigen Volumens, galt bei damaliger Trinkfestigkeit als mässig. Erst bei grösseren Quantitäten sah man sich zum Einschreiten veranlasst. Nicht nur die bernische Regierung hatte mit den Auswüchsen zu kämpfen. Sogar die eidgenössische Tagsatzung musste 1532 verbindliche Richtlinien erlassen. Die Abgeordneten beschlossen, dass man den «bringer und warter» (den Zutrinker und den mit dem Trunke Beehrten) «soll flux strafen umb 10 batzen und einen kotzenden umb 50 batzen, aber so gelt nit da, die buos ablegen im turm mit wasser und brot, die trinker ein tag und nacht, die kotzer vier».

Fehlbare, die eben erst mühsam und torkelnd die steilen Treppen
der Weinkeller in der Altstadt erklommen hatten, lud man
ohne viel Federlesens auf den Karren und führte sie ab in den Kerker.

> **Denne** damit die Sonn- und Feyertäge zum unnöhtigen Mahlzeit und Essen und Trincken nicht mißbraucht werden / wöllen Wir / Weinschencken, nach Unserem A°. 1653. außgangenem Mandat / an solchen Tagen / alles unnöhtige Zechen und Weintrincken / Gastereyen und besondere Mahlzeit-anstellen und halten / verbotten / und hiemit auch den Wirten / Wein- und Pintenschencken / alles Wein-aufftragen und außgeben (die frembden durchpassierenden / und das Weinaußgeben zur Morgenzeit nach geendigter Predig biß um zwölff Uhr / und am Abend von vier biß um siben Uhr vorbehalten) gäntzlich abgestricket haben / bey der in der Chorgrichtlichen Satzung auffgesetzter Straff.

Sehr streng eiferte die bernische Regierung auch gegen die Entheiligung des Sonntags. Alljährlich schärfte man dem Volk von den Kanzeln aus ein, die Sonn- und Feiertage nicht zu «unötiger» Zecherei und Schlemmerei zu missbrauchen. Es müssen bedenkliche Verhältnisse geherrscht haben.

Eigentliche Volksfeste,
an denen sich auch das Landvolk beteiligte,
waren der Hirsmontag,
gleich dem baslerischen «Morgenstreich»
der erste Montag nach der Fastnacht,
und der Fastnachtsumzug.
Den Lockvogel des Umzuges
spielte ein geschenktes Fass Wein, an dem
sich das Volk kostenlos gütlich tun konnte.
Die Akteure waren Bauern der Stadt-
umgebung, angeführt von zwei Läufern,
denen die Aufgabe zufiel, all jene
zu benachrichtigen, welchen
das «Lebehoch» gebracht werden sollte.
Eine türkische Musik eröffnete
das Festgeleite, Bärenmutz und zwei
geharnischte Männer folgten.

Auch Tell und die drei Eidgenossen durften nicht fehlen. Ihnen auf den Fersen drängte sich ein buntes Gestaltengewirre, hoch zu Ross die einen, andere flinkfüssig Possen treibend. Unter den historischen Figuren fanden sich immer auch Generäle, der Landvogt Gessler hatte seinen festen Platz, und vor allem Karl der Kühne musste stets als Zielscheibe fastnächtlichen Spotts und Ulks herhalten. Er wurde zum Gaudi aller kurzerhand öffentlich «erschlagen».

Der Höhepunkt des Festkalenders im alten Bern war jeweils das grosse Fest am Ostermontag.
In karger Fastenzeit hatte man sich von den fastnächtlichen Strapazen erholt und schritt nun frischen
Geistes zur Ratswahl, die mit feierlichem Aufzug vom Münster zum Rathaus begangen wurde.
Unter dem Geleite einer Musikkapelle führte der neue Schultheiss den ganzen Rat alsdann
zu seiner Zunftstube, nahm die Glückwünsche der Stubengenossen entgegen und feierte
das Ereignis bei Käse-, Zwiebel-, Eier- und Kümmelkuchen.

Das Volk tummelte sich am grossen Bernfest jedoch lieber auf der Grossen Schanze,
abseits der Steifheit obrigkeitlichen Zeremoniells.
Morgens um 9 Uhr versammelten sich hier die besten Schwinger der Landschaft und kürten
mit nicht eben zimperlichen Manieren unter sich den Stärksten und Wägsten.

In den Regierungsergänzungsjahren, alle Dezennien, durften die Küfer und Metzger einen Umzug veranstalten. Geschmückt mit weisser Bandschleife zogen die Küfer in rotem Wams und roten Kniehosen tanzend und musizierend vor das Rathaus, danach zu den Wohnungen aller Zunftmitglieder, und zu guter Letzt wurde fast jedem Bürger der Stadt die Aufwartung gemacht. Bacchus, thronend auf einem riesigen Fass, welches der Versorgung der festlich gelaunten Gesellen dienstbar war, führte den Zug an; die Zünftigen unterhielten die Bürger am Strassensaum mit artigen Reigen und Kunststücken ihres Metiers. Solche Festivitäten währten für gewöhnlich eine ganze Woche. Die Metzger taten es den Küfern ähnlich. Mit bekränzten, fetten Ochsen und Schafen machten sie die Runde und feilschten vor den Häusern der Ratsherrn unter viel Schabernack um die Tiere.

Solcherart heischte man einen Trunk vom Geehrten und zog dann weiter, um dasselbe Spiel andernorts zu wiederholen.

Mit ausgesprochen malerischem Gepräge prunkte der Umzug des äussern Standes.
In allem war der äussere Stand ein getreues Abbild der Regierung,
eine Art Vorschule, aus der die jungen Bürger für eine spätere staatliche Laufbahn
rekrutiert wurden. So wenigstens wollte es die Konzeption des Standes.
Im Laufe der Zeit sank der äussere Stand jedoch mehr zu einer geselligen
Gemeinschaft ab, genoss aber weiterhin in reichem Masse die Gunst der Obrigkeit.
Auch ihre Umzüge fielen meist auf den Ostermontag oder wurden bei Bedarf in den
Sommer verlegt. Bis in die Mitte des 16. Jahrhunderts geht der Brauch der Junker
zurück, in farbenprächtigem, festlichem Aufzug eines der umliegenden Dörfer zu besuchen.
Vielfach beteiligte sich die ganze Einwohnerschaft der Stadt, militärisch aufgeputzt,
an den Veranstaltungen. Unter Assistenz der Stadtreiterei, mehrerer Kompanien
Dragoner und Fussvolk vom Lande wurde auf dem Kirchenfeld ein Kriegs-
und Belagerungsspiel vorgeführt, das mit einer offenen Feldschlacht und der Einnahme einer
Festung endete. Ausstaffiert waren die Haudegen mit Waffen, Geschützen und
Rüstungen aus dem Zeughaus, selbst burgundische Beutestücke wurden beigezogen.

Für gewöhnlich schritt eine groteske Frauenfigur, Urispiegel, geleitet vom obligaten Bären, dem Umzug voran, Musik und die Fenner mit den Standarten des Standes schlossen sich an, und oft findet sich auf den Darstellungen noch ein aufgeputzter Affe, reitend auf einem Krebs, und als Schlusslicht wiederum ein tanzender Bär.

...ug des aüseren Stands Löb. Statt Bärn

Von einem Jugendfest hört man erstmals 1742. Der sogenannte «Schüsseli-Krieg» (auch Schützenmattaufzug geheissen) wurde gefeiert. Berns Jugend sollte sich der ruhmreichen kriegerischen Vergangenheit der Stadt erinnern.
Die Bezeichnung kommt von den kleinen zinnernen Tellern, welche die mitziehenden Knaben für das Mittagsmahl bei sich trugen. Guten Schülern brachte die jährlich an Pfingsten begangene Solennität eine Gedenkmünze ein.
Ein besonders spontanes Vergnügen nicht nur für die Jugend allein brachte immer der erste Schnee. Jung und alt holte die verstaubten Schlitten aus dem Estrich, und man zögerte nicht lange, den verschneiten Aargauer- oder Muristalden hinunterzu«gibelen». Der fröhlichen Ausgelassenheit des Volkes waren kaum Grenzen gesetzt. Jedermann hatte seinen Spass.

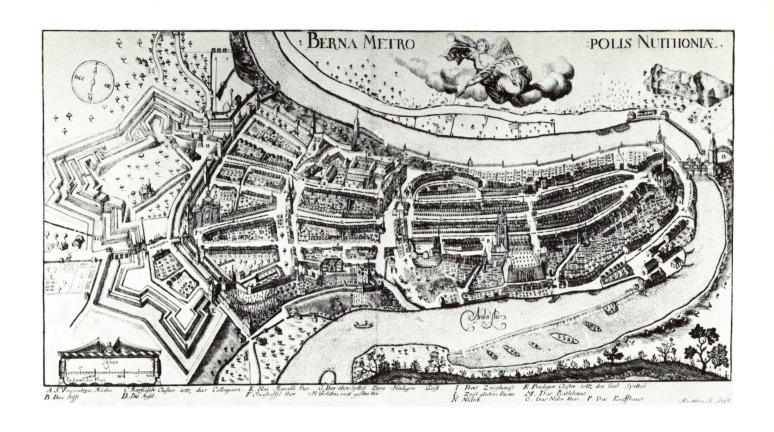

Dem «Exercicio der Herrn Schützen» war die grosse Wiese vor dem Golatengasstor vorbehalten.
Alle Jahre am ersten Dienstag des Mai strebte die Bogenschützengesellschaft mit Pauken und Trompeten
in festlichem Zug auf die Schützenmatt. Ein neuer Schützenkönig für das folgende Jahr war zu ermitteln!
Ein hölzerner Papagei, aufgepflanzt auf einer Stange in luftiger Höhe, stand als Ziel.
Wer das Federvieh herunterzuschiessen vermochte, wurde zum Schützenkönig gekrönt und durfte bis zum
nächsten Königsschiessen den Titel «Majestät» mit allen zugehörigen Ehren führen.

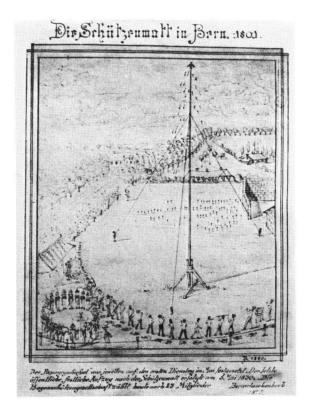

Thron der Bogenschützenmajestät,
aus dem Besitz des äusseren Standes.

Bedeutend fleissiger übte die «Reismusketen»-Schützengesellschaft auf der Schützenmatt. Sommers wöchentlich dreimal. Sie ist auch eine der ältesten Schützengesellschaften, die ein ständiges, festes Schützenhaus auf der Schützenmatt errichtet hatte (um 1620). Mittels Handröhren zielten die Musketenschützen bereits auf die Scheibe. Um das Publikum ins fachmännische Geschehen einzubeziehen und auf Schwarztreffer aufmerksam zu machen, vollführte ein beauftragter Gaukler mit einer Figur, zum Beispiel dem «Gatter Anni», welches noch heute im Gebrauche steht, auffällige Kapriolen.

Die aufkommende Helvetik und die folgenden Jahrzehnte tastender Gehversuche unserer Demokratie
räumten mit vielen Bräuchen auf, und mit ihnen ging auch der äussere Stand unter,
der Mittelpunkt so manchen bernischen Brauchtums gewesen war
und ehedem vielen Festen Glanz verliehen hatte. Eine neue Zeit brachte neue Feste,
bei denen vaterländische Begeisterung das entscheidende Merkmal war.

Aus den Schwingfesten gingen volkstümliche Turnfeste hervor.
So das erste nationale Schwingfest,
das im Jahre 1805 abgehaltene «Unspunnenfest».

Die Zeit der patriotischen Volksfeiern, der Schützen- und Sängerfeste begann. Damals entstanden viele unserer schönsten Vaterlands- und Heimatlieder.

Bern gab der angelaufenen Entwicklung wiederholt Auftrieb:
1827 beherbergte die Stadt einen Festabend
der Schweizerischen Musikgesellschaft in ihren Mauern;

Empfang der eidgenössischen Schützen in der Enge bey Bern, 1830.

1830 trafen sich die Schützen aus der ganzen Schweiz
zum ersten Eidgenössischen Schützenfest in der Enge, und
1848 schliesslich fand das erste Eidgenössische Sängerfest statt.

Eigentliche bernische Feste waren das jedoch nicht mehr. Die jährlich wiederkehrenden Volksfeste fand man in den historischen Umzügen an den vaterländischen Gedenktagen. Hier konnten sich bernische Tradition und frisch erblühtes Schweizer Nationalbewusstsein am ehesten treffen und vermengen. Das um das Mutzenbanner gescharte Volk begann, wie alle übrigen Kantone auch, zu lernen, dass es nun nicht mehr ein mehr oder weniger autonomer Staat in einem losen Staatenbund war, sondern als Staat Bern Teil der «Confoederatio Helvetica». Bern begann ein neues Bewusstsein zu entwickeln.

Es dominierten fortan jene Feste, die zwischen Schweizerischem und
Bernischem eine gewisse Ausgewogenheit herbeizuführen trachteten.
Hier eine Aufreihung der wichtigsten Berner Feste
seit der Gründung des Bundesstaates:

1853 500-Jahr-Feier des Eintritts von Bern in den Bund der Eidgenossen

1857 Eidgenössisches Schützenfest

1885 Eidgenössisches Schützenfest

1876 400-Jahr-Feier der Schlacht bei Murten

1879 und *1882* grosse historische Umzüge zugunsten wohltätiger Anstalten

Bärenfestleben in der Festhütte
am Eidgenössischen Schützenfest 1885

1885

Photogr. von M. Vollenweider & Sohn, Bern.

1886 Errichtung des Denkmals im Grauholz zur Erinnerung an die Schlacht von 1798

1891 Prächtige und aufwendige Gründungsfeier der Stadt Bern

1898 Gedächtnisfeier zum Übergang Berns vor 100 Jahren

1898 Neuenegg-Feier, Erinnerung an die Märztage 1798

1910 Eidgenössisches Schützenfest

Umzug des Eidgenössischen Schützenfestes 1910

1926 450-Jahr-Feier der Schlacht
bei Murten

1939 600-Jahr-Feier der Schlacht
bei Laupen

1941 750 Jahre Stadtgründung,
Jugendumzug

1953 600 Jahre Eintritt Berns
in den Bund

1976 500-Jahr-Feier der Schlacht
bei Murten

Die historischen Feiern grossen Stils wurden immer mit viel Würde
und Aufwand begangen, mit Umzügen und Festspielen,
Ausstellungen, Festakten in Kirche und Rathaus; reiche Bankette durften
ebensowenig fehlen wie die Gurten- und Chutzenfeuer.
Nun sind die Feste verrauscht, die Fülle fröhlicher Geselligkeit
verebbte allemal wieder, und man kehrte ins werktätige Leben
zurück; übrig blieben nur die Rechnungen und Statistiken,
wohlkonserviert im Aktenstaub der Archive. Stellvertretend für die
übrigen historischen Feiern mögen die Programme und eine
Zusammenstellung der Konsumationen der Gründungsfeier
von 1891 im Anhang einen kleinen Einblick in die
Festivitäten der damaligen Zeit geben.

1891
SCHWEIZERISCHE BUNDESFEIER 1291 UND GRÜNDUNGSFEIER DER STADT BERN 1191

FESTPROGRAMM:

Freitag: 14. August 1891

Von Mittag an: Empfang der Ehrengäste, Bezug der Quartiere
3½ Uhr: Empfang der officiellen Theilnehmer im Casino
4 Uhr: Zug der officiellen Theilnehmer in das Münster unter Glockengeläute und Kanonendonner
5 Uhr: Eröffnungsfeier im Münster, Festreden, Chorgesang, Orgelspiel etc.

Samstag: 15. August

6 Uhr: Choral vom Münsterthurm, 22 Kanonenschüsse
9 Uhr: Historisches Festspiel
12 Uhr: Gabelfrühstück in den Festhallen
2–6 Uhr: Jugendfest für sämtliche Schulkinder der Stadt Bern.
5 Uhr: freie gesellige Vereinigung der officiellen Gäste auf dem Schänzli
Abends: Hüttenleben, Produktionen in den Festhallen und Festplatz

Sonntag: 16. August

6 Uhr: Choral vom Münsterturm
8 Uhr: Festgottesdienst in sämtlichen Kirchen
9 Uhr: Zweite Aufführung des historischen Festspieles
12 Uhr: officielles Festbankett
Von 2 Uhr an: Volksfest
Abends: Illumination der ganzen Stadt, Beleuchtung des Aarebassins, des Münsters etc.
Brillant-Feuerwerk auf dem Festplatz

Montag, 17. August

6 Uhr: Tagwache durch Musikkapellen
9 Uhr: Grosser historischer Festzug (Fotos)
12 Uhr: Schlussakt, 22 Kanonenschüsse
1 Uhr: Abschiedsbankett für die auswärtigen officiellen Ehrengäste. Gabelfrühstück der Zugstheilnehmer
Abends: Gemütliche Vereinigung in den Festhallen, Familienabend

KONSUMATIONEN:

Getränke: 61 287 Flaschen Festwein
5 472 Flaschen sonstige Weine
44 363 Liter Bier
426 Liter Liqueurs
421 halbe Flaschen Limonade und Selterswasser

Speisen: 89 Ochsennierstücke im Gesamtgewicht von 2165 kg
2 885 kg Kalbfleisch
651 kg Poulet
250 Schinken
100 gesalzene Ochsenzungen
200 kg Salami
259 kg Zungenwurst
3 779 Stück Emmenthalerwurst
1 736 Stück Cervelat
2 046 kg Brot
18 434 Mütschli
12 182 Weggli
11 538 Sandwichs
495 Torten
356 kg Käse

Confiserie J. Hächler · Bern
Nachfolger von Bodmer-Bühlmann
Neuengasse 13   Telephon 6.54
empfiehlt in prima Qualität:

Zwiebeln-Kuchen
Käse-Kuchen
kleine Zwiebeln und Gemüse

Es Chacheli guete
Gaffee oder Chee oder Schoggela
u derzue
Zibelechueche oder Chäschueche
oder
Schtrübli oder Opfelchüechli
u süsch no allergattig Guets
überchömet D'r i der
Gaffeestube Tüscher
a der Chramgass 77 z'Bärn

Zum
☛ **Chacheli-Märit** ☚
empfehle mein grosses Lager in
originellen Frühstücktassen
und Milchtöpfen
Waschgarnituren und Küchengarnituren
Theodor Meyer, Bern
32 Marktgasse 32
☛ 5% Rabattmarken ☚

Unser grösster, noch heute lebhaft bestehender Jahrmarkt
ist zugleich unser jährlich wiederkehrendes bernisches Volksfest: der «Zibelemärit».
Er ist der letzte berühmte Markt, der mit einer langen Tradition
verknüpft ist. Am Montag nach St. Katharina hängen Jahr für Jahr noch die kunstvoll
geflochtenen Zwiebelzöpfe an den zahllosen Marktständen, und Kauf- und
Schaulustige drängen sich zwischen den farbenfrohen Zwiebel- und Chacheliauslagen.

Am zweiten Messdienstag
fand früher noch der «Meitschimärit» statt.
Alle hübschen heiratswilligen Mädchen
aus Stadt und Land sollen an diesem Tag
meist ernsthafte Freier gefunden haben.
Auch dieser Markt ist im Wandel
der Zeit und der Heiratssitten verschwunden.
Seine Spur findet sich noch in einem
Gedicht von Papa Christi Ott sel.:

Si Sprach, si Stimm isch Melodie
E Walzer isch si Gang,
S'geit eine so rächt z'Härze, wie
Im Mai der Alphornklang.

Und d's Bärnermeitschi het e Gstalt
Nid wie'n es Fürstenkind
Das alli Bott in Ohnmacht fallt
Bim erste ruche Wind.

Vom Schatz e Rose uf e Huet
Isch viel d'r schöner Lohn
Und git dem Schwinger edlers Bluet
Als mängem Cheiser d'Chron.

Wär üsi Meitschi nid het lieb
Dä isch und blibt en Tropf
So eine het kes Härz im Lyb
Und o kei Grütz im Chopf!

Der Zibelemärit-Rummel, wie er heute besteht, ist nach dem Ersten Weltkrieg entstanden. Von der Markt- und Spitalgasse dehnte sich der Festbetrieb über den ganzen Bären-, Waisenhaus- und Bundesplatz aus, und schon bald einmal genossen auch die Karussells und Schiessbuden auf der Schützenmatt Stammgastrecht am Zibelemärit.

Neben den Zwiebeln wird auch viel heimisches Geschirr feilgeboten.
Der «Chachelimärit», der sich vor vielen Jahren noch gesondert beim Amthaus abwickelte,
ist heute vollständig im Zibelemärit aufgegangen.

Schon morgens um 6 Uhr
beginnen die geschäftigen Märitfrauen,
ihre Stände herzurichten.
Das Fest klingt aus in übermütigen
Konfettischlachten, die man früher sogar
eine Zeitlang verboten hatte.
Zwiebelsuppe, Zwiebel- und Käsekuchen
gehören an diesem Tag auf jeden Tisch,
in den Gaststätten und den Haushalten.
Und wenn die Berner schon so wenige
Festgelegenheiten finden, bleibt ihnen
wenigstens genügend Zeit,
sich ein Jahr lang ausgiebig auf den
nächsten Zibelemärit zu freuen.